パスタとサラダ

Pasta & Salad

野口真紀

パスタとサラダ | CONTENTS

Pasta

PART1
具材１品とトッピングの簡単パスタ

PART2
具材２品でできるボリュームパスタ

Salad

＊この本のレシピについて

◎小さじ1＝5mℓ、大さじ1＝15mℓ、1カップ＝200mℓです。

◎しょうが1かけ、にんにく1片は親指の先くらいの大きさを目安にしています。

◎野菜類は特に表記がない限り中くらいのものを使用し、洗ったあとに一般的な下準備をしてからの調理を記載しています。

◎オリーブオイルはエクストラバージンを、油は米油やなたね油、太白ごま油などを使っています。塩と砂糖は精製されていないものを使用しています。

◎コンロや魚焼きグリル（両面グリル）の火加減や加熱時間は目安です。様子を見ながら適宜調整してください。

◎電子レンジは600Wを使用しています。機種などによって違いが出る場合があるので、適宜調整してください。

◎オーブンはガスオーブンを使用しています。電気オーブンの場合は温度を10～20°C高めに設定してください。

◎パスタの基本のゆで方はP6、本書で主に使用している調味料や味出しの食材、おすすめのトッピングはP8で紹介しています。

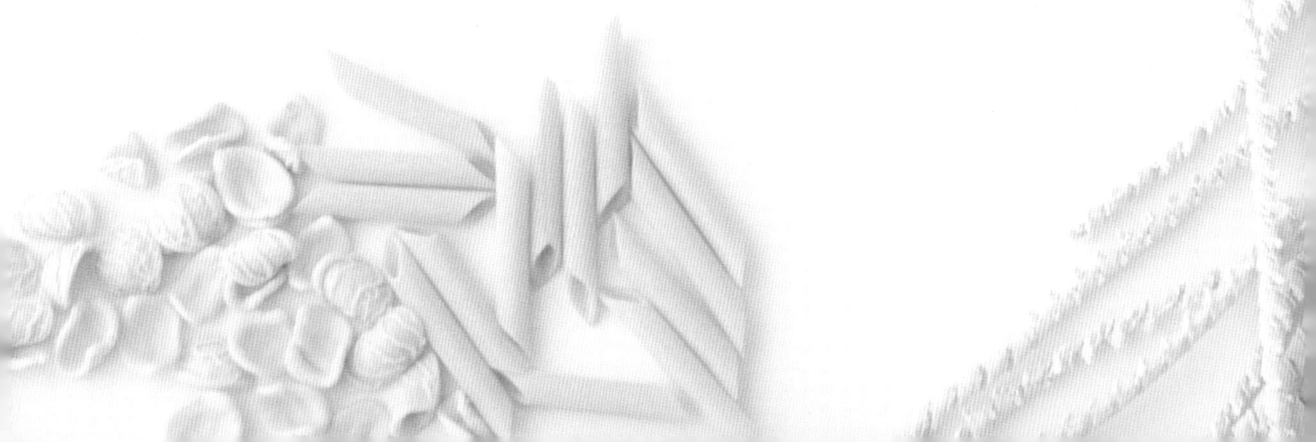

はじめに

パスタは皆さんのお家でも頻繁に食卓に並ぶ料理だと思います。私も週末のランチやワインに合わせる食事、おもてなしにとよく作ります。パスタは忙しいときにもささっと作れる料理ですし、材料が少なければより簡単になって失敗も少なく、料理初心者や子どもや男性も挑戦できると思い、この本では「具材１品とトッピング」と「具材２品」の究極のシンプルレシピをご紹介します。シンプルなパスタなら麺の味や素材のおいしさも再確認でき、具だくさんパスタより盛りつけも美しくキマります！　ちなみにパスタをおいしく仕上げる大事なポイントは、水分と油分をよーく混ぜてとろりとさせる「乳化」です。スープパスタなど例外もありますが、仕上げにしっかり混ぜると、みるみる全体がまとまって一体化してくるのがわかります。このコツをつかむとぐっとプロの味に近づきます！

パスタの具材が少ない分、副菜で栄養を摂取してほしいと願い、一緒に食べたいサラダも掲載しています。味や栄養、見た目のバランスが整うようにバリエーション豊富なメニューを紹介しているので、コンビネーションを楽しんでくださいね。たとえば、肉が主役のパスタにはさっぱりとしたサラダを合わせるなど、各ページに組み合わせのヒントもメモしているので、ぜひご参考に。

本書の制作を通じて、私もパスタ作りがさらに好きになり、自慢できるレシピが増えました。家庭の食卓に身近な和風パスタも紹介していますので、家で過ごす時間が増えた今こそ、手軽な“おうちパスタ”にチャレンジしてください！

野口真紀

パスタのゆで方

本書のレシピでパスタをゆでるときに、ご参照ください。

ロングパスタ

本書では一般的なスパゲッティのほか、冷製パスタに使うカッペリーニ、断面が楕円形のリングイネ、幅の広いフェットチーネなども使用しています。

1

鍋にたっぷりの湯（パスタ160〜200gなら約2ℓ）を沸かし、塩（2ℓの湯なら大さじ1強）を加える。

2

鍋にパスタを入れる。両手でパスタを持って内側に軽くねじり、パッと離すと鍋の中にまんべんなく広がる。

3

パスタを湯に沈め、くっつかないように最初に軽く混ぜ、本書レシピの記載時間通りにゆでる（途中でときどき混ぜる）。

4

時間になったらパスタを1本取り出し、ゆで具合をチェックする。好みのかたさになっていればざるに上げる。

ショートパスタ

個性的な形をした多くの種類があり、本書ではペン先のような形をしたペンネのほか、らせん形でソースがよくからむフジッリなども使用しています。

1

鍋にたっぷりの湯（パスタ160〜200gなら約2ℓ）を沸かし、塩（2ℓの湯なら大さじ1強）を加える。

2

パスタをパラパラと鍋の中に入れる。

3

パスタがくっつかないように最初に軽く混ぜ、袋の表示時間通りにゆでる（途中でときどき混ぜる）。

4

時間になったらパスタをひとつ取り出し、ゆで具合をチェックする。好みのかたさになっていればざるに上げる。

パスタソース2種

本書のレシピで使用している2つのパスタソースをご紹介します。

青じそベーゼ

青じそで作るジェノベーゼ風ソースです。
P28～31にアレンジレシピを掲載しています。
※清潔な保存容器に入れて冷蔵庫で2～3日保存できる。

材料｜約1カップ分

青じそ　約60枚
松の実　大さじ3
にんにく　大1片
塩　小さじ1
オリーブオイル
　1/2カップ

作り方

1

青じそは茎をつけたまま4等分くらいの大きさに切る。にんにくは縦半分にして芯をとり、粗く刻む。

2

1と残りの材料をすべてフードプロセッサーに入れ、ペースト状になるまで攪拌する。

3

途中で一度ふたを開け、片寄っていたらヘラなどでならし、均一に仕上げる。

ポモドーロ

トマトのうまみが凝縮されたソースです。
P66～69にアレンジレシピを掲載しています。
※清潔な保存容器に入れて冷蔵庫で約1週間保存できる。

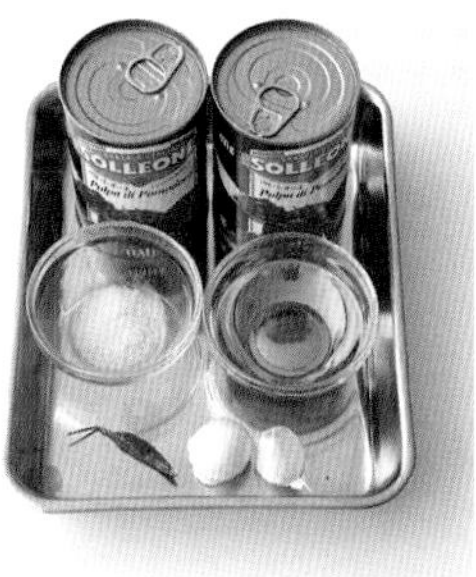

材料｜約3カップ分

トマト缶(カットタイプ)
　2缶
にんにく　2片
赤唐辛子　1本
塩　小さじ1
オリーブオイル
　大さじ5

作り方

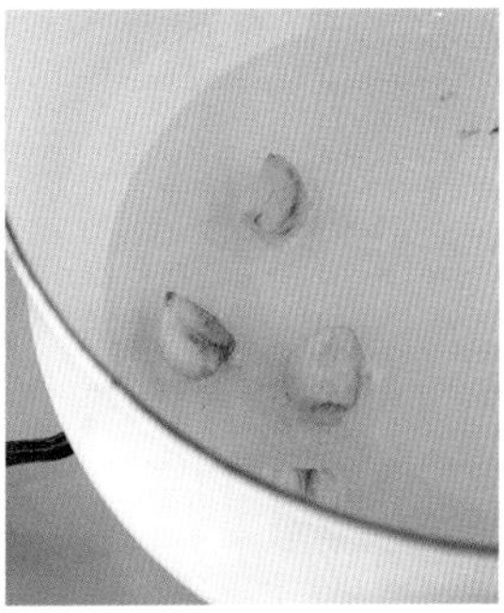

1

にんにくはつぶして芯をとる。鍋にオリーブオイルとにんにくを入れ、うっすらと色づくまで中火で加熱する。

2

トマト缶、種をとった赤唐辛子、塩を加えて混ぜる(缶に残ったトマトも、水少々で溶きのばして加える)。

3

ときどきヘラで混ぜながら、2/3量くらいになるまで弱火で30分ほど煮つめてトマトの味を凝縮させ、仕上げに混ぜる。

パスタの味の決め手になる材料

本書のレシピで使用する、具材の味を引き立てる調味料や食材です。

＜よく使う基本の材料＞

パスタ料理に欠かせないオリーブオイルは、エクストラバージンを使用しています。味つけのほかパスタのゆで汁にも使う塩は自然塩を、こしょうは主に粗びき黒こしょうを使用しています。にんにくや赤唐辛子、パルメザンチーズも、パスタ料理にコクやアクセントを加えてくれる基本の材料です。パルメザンチーズは、かたまりをすりおろして使うと風味豊かに。

＜味を深めてくれる材料＞

しょうがは、和風のパスタなどに、にんにくのかわりに使うと新鮮な味わいです。玉ねぎのみじん切りや刻んだ塩昆布、たたいてペースト状にした梅干しなどは、本書では味出し食材として使用しています。クリーミィなパスタに欠かせない生クリームや、シンプルなパスタにリッチなコクを加えてくれるバターも、おいしいパスタの味の決め手になる材料です。

パスタによく合うトッピング

仕上げにのせるだけで、見た目もおいしさもぐんと上がります。

＜香りや彩りがよくなるもの＞

バジルやイタリアンパセリなどのハーブや、青じそ、万能ねぎ、にらなどの香味野菜は、パスタ料理のトッピングにとても便利です。ちぎったり刻んだりして仕上げにのせれば、さわやかな香りと彩りが加わって、魅力的なひと皿に。本書では、独特の風味をもつパクチーも使用しています。和食でよく使われるゆずの皮も、パスタ料理によく合います。

＜味や食感のアクセントになるもの＞

シンプルなパスタに生ハムをのせれば、味もボリュームもワンランクアップ。パスタによく合うモッツァレラチーズやアンチョビはもちろん、生でもおいしいマッシュルームや栄養満点のアボカドも、薄切りにしたり刻んだりしてトッピングとして使えます。本書ではほかに、大根おろしやちぎった焼きのり、プチプチ食感のいくらも使用しています。

PART1

具材1品とトッピングの簡単パスタ

具材ひとつで手軽に作れるパスタに、
香りや彩り、味や食感のアクセントになる
材料をトッピングするだけ！
簡単なのに味も見た目も満点のパスタです。

Salad

チョップドサラダ
(→ P14)

Pasta

フレッシュトマト＆
バジルパスタ(→ P14)

Pasta

グリルチキン＆
大根おろしパスタ（→P15）

Pasta

明太マヨバター＆
青じそパスタ（→P16）

明太オイル＆
パクチーパスタ（→P16）

Salad

紫玉ねぎの酢漬けサラダ

(→ P17)

Pasta

えびのアヒージョ＆

マッシュルームのパスタ(→ P17)

フレッシュトマト＆バジルパスタ (P10)

火を通したトマトの甘みとほのかな酸味がパスタにからむ秀逸のひと皿！
さわやかでほろ苦いフレッシュバジルが、絶妙なアクセントです。

材料｜2人分

スパゲッティ　160～200g
トマト　4個
バジル　約10枚
にんにく（つぶす）　2片分
塩　適量
オリーブオイル　大さじ3

作り方

1 スパゲッティは塩適量（分量外）を加えた湯で袋の表示時間より1分短くゆで、ざるに上げる。

2 トマトはひと口大に切る。

3 フライパンにオリーブオイルとにんにくを入れて中火で熱し、にんにくがうっすらと色づいてきたら**2**を加える。トマトの形が少し残る程度につぶしながら煮て、塩を加えて味を調える。

4 **1**を加え、全体をよく混ぜる。器に盛り、手でちぎったバジルをのせる。

チョップドサラダ (P10)

小さく刻んだ具材をドレッシングであえる、NY生まれの人気サラダ。
ハムやアボカド、豆など好みの具材でアレンジできます。

材料｜2人分

ささみ　3本
A｜塩・粗びき黒こしょう　各適量
　｜酒　小さじ2
きゅうり　1本
プチトマト（好みの色のもの）　10個
ラディッシュ　4個
オリーブ（ブラック）　6個
ヨーグルトドレッシング
　プレーンヨーグルト　大さじ3
　マヨネーズ　大さじ2
　オリーブオイル　大さじ1
　にんにく（すりおろす）　少々
　塩・粗びき黒こしょう　各適量

作り方

1 ささみは耐熱皿に入れ、**A**をふって下味をつける。ラップをふんわりとかけ、電子レンジで4～5分加熱する。そのままおいて冷まし、手で食べやすく裂く。

2 きゅうりは1cm厚さのいちょう切りにし、プチトマトは半分に、ラディッシュは4等分に切る。

3 ボウルに**1**、**2**、オリーブを入れて混ぜ、器に盛る。

4 ヨーグルトドレッシングの材料を混ぜ合わせ、**3**にかける。

Pasta & Salad

彩りのきれいなパスタとサラダは、見た目も華やかな組み合わせ。この2品は野菜たっぷりで、サラダのささみでたんぱく質もとれるので栄養バランスも良好です。こちらのパスタは「ツナと紫玉ねぎのポテトサラダ」（→P50）を合わせても。

グリルチキン＆大根おろしパスタ (P11)

魚焼きグリルで焼いた鶏肉は香ばしく、ほどよく脂が落ちて美味。
大根おろしと合わせて、パスタにしっかりからめていただきます。

材料｜2人分

スパゲッティ　160〜200g
鶏もも肉　大1枚
塩・粗びき黒こしょう　各適量
大根おろし　約10cm分
めんつゆ(3倍濃縮)　適量

作り方

1 スパゲッティは塩適量(分量外)を加えた湯で袋の表示時間通りにゆで、ざるに上げる。

2 鶏肉は筋や余分な脂をとり、厚い部分に切り目を入れる(a)。全体に塩、黒こしょうをふり、魚焼きグリルに入れ(b)、両面がこんがりとするまで弱火で約10分焼き、食べやすく切る。
※魚焼きグリルがなければ、フライパンに油少々を熱し、鶏肉を皮目から入れ、キッチンペーパーで脂をとりながら両面をパリッと焼く。

3 器に**1**と**2**を盛る。大根おろしは軽く絞り(c)、鶏肉にのせ、めんつゆをかける。

a
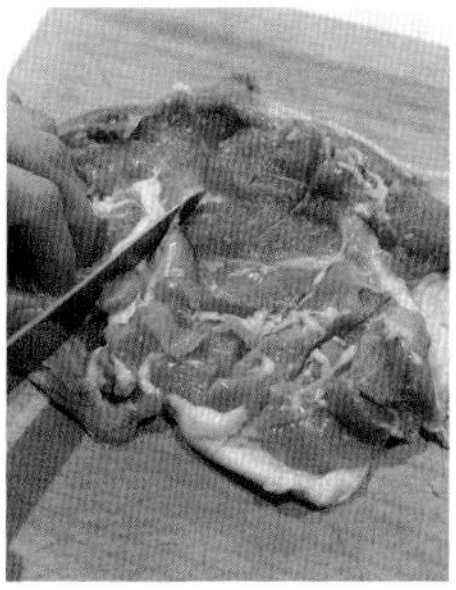

b

c
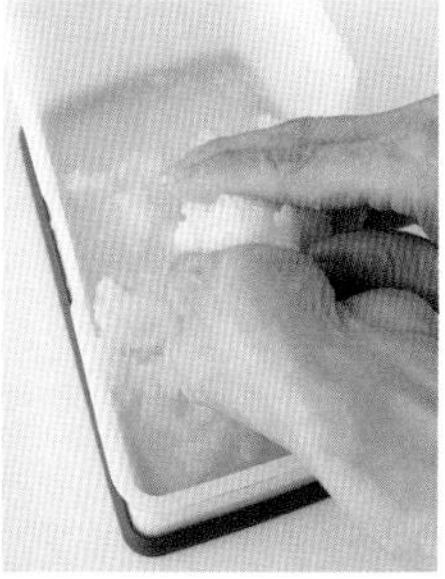

Pasta & Salad

鶏肉が主役の食べごたえのあるパスタには、さっぱりとしたサラダを。「トマトときゅうりのカリカリじゃこがけ」(→ P41)や「焼きなすのとろろがけ」(→ P60)など和風サラダのほか、洋風の「トマトとクレソンのサラダ」(→ P21)もいいですね。

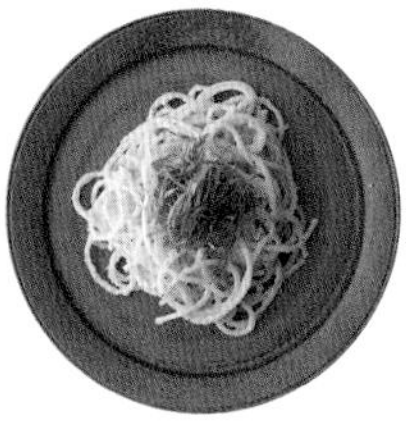

明太マヨバター＆青じそパスタ（P12）

人気のマヨバター味の明太パスタに、青じそをのせてさっぱりと。
辛さが苦手なら、明太子のかわりにたらこを使ってください。

材料｜2人分

スパゲッティ　160～200g
明太子　1腹(2本)
青じそ(せん切り)　5枚分
マヨネーズ　大さじ2
バター　大さじ1
粗びき黒こしょう　適量

作り方

1 スパゲッティは塩適量（分量外）を加えた湯で袋の表示時間通りにゆで、ざるに上げる。
2 大きめのボウルに、皮をとってほぐした明太子、マヨネーズ、バター、黒こしょうを入れて混ぜ、1を加えて全体をよく混ぜる。
3 器に盛り、青じそをのせる。

明太オイル＆パクチーパスタ（P12）

明太子とオリーブオイルであえたパスタは、マヨバターより軽やかな味。
パクチーとの相性が驚くほど抜群で、もう一度食べたくなります！

材料｜2人分

スパゲッティ　160～200g
明太子　1腹(2本)
パクチー(ざく切り)　1株分
にんにく(すりおろす)　少々
オリーブオイル　大さじ3
粗びき黒こしょう　適量

作り方

1 スパゲッティは塩適量（分量外）を加えた湯で袋の表示時間通りにゆで、ざるに上げる。
2 大きめのボウルに、皮をとってほぐした明太子、にんにく、オリーブオイル、黒こしょうを入れて混ぜ、1を加えて全体をよく混ぜる。
3 器に盛り、パクチーをのせる。

Pasta & Salad

ほどよいコクのある明太マヨバター味のパスタは「貝割れと長いも、かにかまのおかかあえ」（→ P40）など、食感のよいサラダと好相性。にんにくがきいたオイルあえのパスタには「キャロットラペ　サーモン添え」（→ P19）などが合います。

えびのアヒージョ&マッシュルームのパスタ（P13）

スペインバルの定番アヒージョと、ペンネを合わせたお酒にも合うひと皿。
えびは尾をつけたまま焼くと、香ばしく仕上がります。

材料｜2人分

ペンネ　120g
殻つきえび　約200g
マッシュルーム（薄切り）　6個分
にんにく（粗みじん切り）　3片分
塩　適量
オリーブオイル　1/3カップ

作り方

1 ペンネは塩適量（分量外）を加えた湯で袋の表示時間通りにゆで、ざるに上げる。

2 えびは尾を残して殻をむき、背ワタをとる。よく水洗いし、キッチンペーパーで水けをとる。

3 小さめのフライパンにオリーブオイルとにんにくを入れて中火で熱し、にんにくがうっすらと色づいてきたら、**2**を加えて少し煮る。

4 えびに火が通ったら**1**を加えてざっと混ぜ、塩を加えて味を調え、マッシュルームをのせる。

紫玉ねぎの酢漬けサラダ（P13）

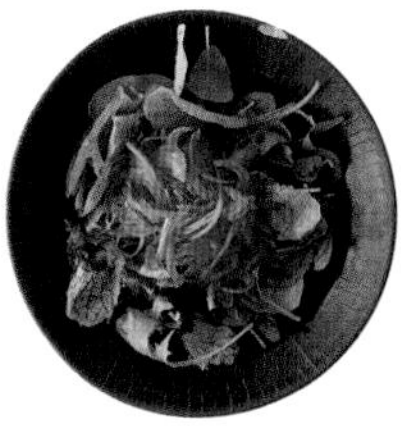

手軽な調味料を合わせて漬けておくだけの紫玉ねぎの酢漬けは、
サラダはもちろん、肉や魚料理のつけ合わせなどにも便利です。

材料｜2人分

紫玉ねぎの酢漬け（作りやすい分量）
┌ 紫玉ねぎ　1個
└ すし酢・酢　各1/3カップ
ミックスリーフ　適量
オリーブオイル　適量

作り方

1 紫玉ねぎの酢漬けを作る。紫玉ねぎは薄切りにし、清潔な保存容器に入れる。すし酢と酢を加えて全体を混ぜ、30分以上おいてしんなりとさせる。
※冷蔵庫で3〜4日保存できる。

2 器にミックスリーフを盛り、**1**を適量のせてオリーブオイルをまわしかける。

Pasta & Salad

たっぷりのオイルで作るパスタに、酸味のきいたすっきりとしたサラダを合わせました。ほかにヨーグルトドレッシングの「チョップドサラダ」（→P10）や、「コールスロー」（→P36）などもおすすめです。

Pasta

アボカドペースト＆モッツァレラパスタ

火を通したアボカドは、ねっとり感が増してパスタによくからみます。
ここでは、幅の広いロングパスタのフェットチーネと合わせました。

材料｜2人分

好みのロングパスタ　160～200g
アボカド(熟したもの)　2個
モッツァレラチーズ　1個
にんにく(みじん切り)　2片分
赤唐辛子(種をとる)　1本
塩・こしょう　各適量
オリーブオイル　大さじ3

作り方

1. パスタは塩適量(分量外)を加えた湯で袋の表示時間より1分短くゆで、ざるに上げる。
2. アボカドは縦半分に切って皮と種をとり、ボウルに入れ、フォークなどでつぶす。
3. フライパンにオリーブオイルとにんにくを入れて中火で熱し、にんにくがうっすらと色づいてきたら、赤唐辛子、**1**、**2**を加えて全体をよく混ぜ、塩、こしょうで味を調える。
4. 器に盛り、手でちぎったモッツァレラチーズをのせる。

Salad

キャロットラペ　サーモン添え

フランスの惣菜の定番「キャロットラペ」は、栄養のあるにんじんがたっぷり食べられる簡単サラダ。いろいろなパスタによく合います。

材料｜2人分

にんじん　2本
にんにく(みじん切り)　少々
レモン汁　1/2個分
オリーブオイル　大さじ2
塩・粗びき黒こしょう　各適量
スモークサーモン　4枚

作り方

1 にんじんはチーズおろし器などですりおろす。

2 ボウルに1、にんにく、レモン汁、オリーブオイル、塩、黒こしょうを入れ、全体をあえる。

3 器に盛り、スモークサーモンを添える。

Pasta & Salad

まったりとしたパスタの食感と、シャキシャキとしたサラダの食感が対照的なコンビ。アボカドの緑とモッツァレラの白、にんじんのオレンジが、きれいに映えるおしゃれな組み合わせで、ちょっとしたおもてなしにもおすすめです。

Pasta

レモンバター&生ハムパスタ

バターのコクとレモンのさわやかさが印象的なシンプルパスタ。生ハムをのせて、
ボリュームとうまみを加えました。パスタはリングイネを使っています。

材料｜2人分

好みのロングパスタ　160～200g
レモンの皮(無農薬のもの/すりおろす)　適量
レモン(無農薬のもの/輪切り)　2枚
生ハム　適量
バター　大さじ2
にんにく(すりおろす)　少々
パルメザンチーズ(すりおろす)　適量

作り方

1. パスタは塩適量(分量外)を加えた湯で袋の表示時間通りにゆで、ざるに上げる。
2. 大きめのボウルに1、バター、にんにくを入れて全体をよく混ぜる。
3. 器に盛り、レモンの皮とパルメザンチーズをかけ、レモンと生ハムをのせる。好みでレモンを絞って食べる。

Salad

トマトとクレソンのサラダ

トマトの甘みとクレソンの苦みがよく合います。
忙しいときにもささっと作れる簡単レシピも魅力です。

材料｜2人分

トマト　2個
クレソン　1束
塩・粗びき黒こしょう　各適量
バルサミコ酢・オリーブオイル　各適量

作り方

1. トマトは薄切りにする。クレソンは根元のかたい部分を切り落とし、食べやすく切る。
2. 器に盛り、塩と黒こしょうをふり、バルサミコ酢とオリーブオイルをまわしかける。

Pasta & Salad

休日のブランチなどにぴったりの軽やかな組み合わせ。スパークリングワインやきりっとした白ワインと一緒に楽しむのもいいですね。「洋なしとあんぽ柿、ブッラータのサラダ」（→ P32）と合わせてもOK。テーブルがより華やかになります。

Salad

アボカドと
まぐろのサラダ

Pasta

塩辛＆万能ねぎの
ペペロンチーノ

塩辛&万能ねぎのペペロンチーノ

具材の塩辛が調味料にもなる簡単パスタです。ここではリング状のショートパスタ・パッケリを使いましたが、スパゲッティでもOKです。

材料｜2人分

好みのショートパスタ　160～200g
いかの塩辛　大さじ3～4
万能ねぎ（小口切り）　4本分
にんにく（つぶす）　2片分
赤唐辛子（小口切り）　適量
粗びき黒こしょう　適量
オリーブオイル　大さじ3

作り方

1 パスタは塩適量（分量外）を加えた湯で袋の表示時間通りにゆで、ざるに上げる。

2 フライパンにオリーブオイルとにんにくを入れて中火で熱し、にんにくがうっすらと色づいてきたら、赤唐辛子、塩辛、**1**、黒こしょうを加えて全体をよく混ぜる。

3 器に盛り、万能ねぎをのせる。

アボカドとまぐろのサラダ

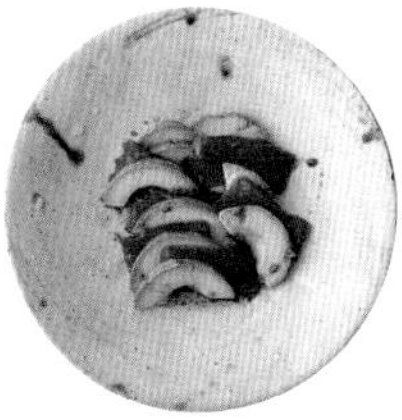

アボカドと相性のいいまぐろを合わせたつまみ風のサラダ。
ドレッシングのオリーブオイルとしょうゆは和洋折衷ですが、意外によく合います。

材料｜2人分

アボカド　1個
まぐろ（刺し身用）　1さく
わさびじょうゆドレッシング
┌ しょうゆ・オリーブオイル
│ 各大さじ1
└ 練りわさび　小さじ1/2

作り方

1 アボカドは縦半分に切って皮と種をとり、5㎜幅に切る。まぐろも5㎜幅に切り、器に交互に並べる。

2 わさびじょうゆドレッシングの材料を混ぜ合わせ、**1**にかける。

Pasta & Salad

ピリッとした辛みとにんにくがきいたパスタと、ねっとり食感のサラダは好相性で、日本酒と一緒にいただきたい組み合わせです。和風のペペロンチーノは「にらの黄身のっけ」（→P57）ともよく合います。

Pasta

鶏だんご＆ゆずの皮の
スープパスタ

鶏だんご&ゆずの皮のスープパスタ

家族の夕食におすすめの、鍋で作る和風スープパスタです。
だし汁がしみたパスタにゆずの香りも加わって、格別のおいしさ！

材料｜3〜4人分

ペンネ　100g

鶏だんご

- 鶏ひき肉　500g
- 長ねぎ(みじん切り)　1/2本分
- しょうが(すりおろす)　2かけ分
- 卵　1個
- 塩　小さじ1/2
- こしょう　適量

ゆずの皮　1/2個分

煮汁

- だし汁(合わせだし)　4カップ
- 薄口しょうゆ・酒　各大さじ3
- 砂糖　小さじ1

作り方

1 ペンネは塩適量(分量外)を加えた湯で袋の表示時間通りにゆで、ざるに上げる。

2 鶏だんごを作る。ボウルにすべての材料を入れてよく混ぜる(a)。

3 大きめの鍋に煮汁の材料を入れて煮立て、**2**をひと口大にまるめながら落とす(b)。ふたをして弱火で約10分煮たら、**1**を加えて少し煮る。

4 ゆずの皮は包丁で小さくまるく削り(c)、**3**に散らす。

a

b

c

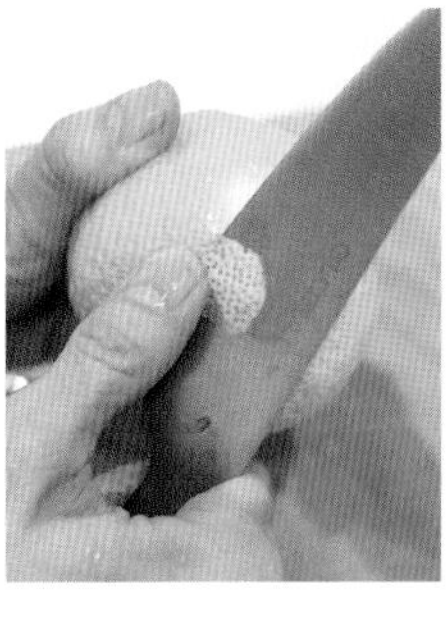

Pasta & Salad

鶏だんごメインのスープパスタには、しょうがドレッシングでいただく「豆腐と海藻のサラダ」(→ P40)がおすすめです。
鶏のうまみが溶けたやさしい和風だしの味に、しょうがの風味がぴったりで、栄養バランスも良好に。

Pasta

ジンギスカン＆にらのパスタ

ジンギスカン＆にらのパスタ

**たれをしっかりからめたラム肉と、パスタをよく混ぜ合わせて仕上げます。
ラム肉と生のにらの組み合わせが絶妙で、忘れられないおいしさです！**

材料｜2人分

スパゲッティ　160～200g
ラム薄切り肉　200g
にら（1cm幅に切る）　1/3束分
合わせだれ（作りやすい分量）
- しょうゆ　1/2カップ
- にんにく（すりおろす）　3片分
- しょうが（すりおろす）　2かけ分
- 玉ねぎ（すりおろす）　1/2個分
- りんご（皮ごとすりおろす）　1/2個分
- はちみつ　大さじ2
- 塩・粗びき黒こしょう　各適量

油　大さじ1

作り方

1. 合わせだれの材料を混ぜ合わせる（a）。
※清潔な保存容器に入れて冷蔵庫で2～3日保存できる。焼き肉や魚のソテーなどにも使える。
2. スパゲッティは塩適量（分量外）を加えた湯で袋の表示時間より1分短くゆで、ざるに上げる。
3. フライパンに油を熱し、ラム肉を入れて中火で両面を焼き（b）、合わせだれ大さじ3～4を加えてからめる（c）。
4. **2**を加えて全体をよく混ぜ、器に盛り、にらをのせる。

a

b

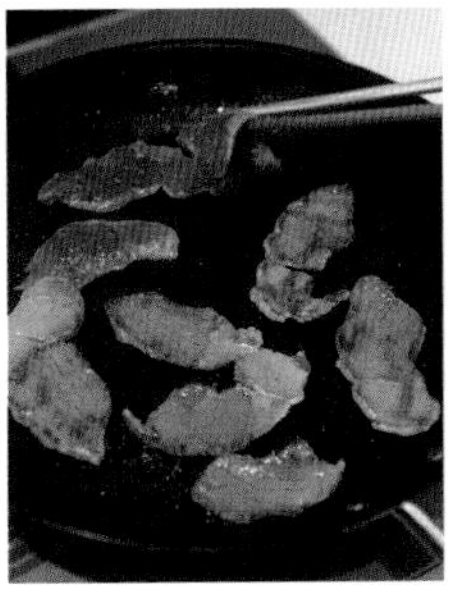

c

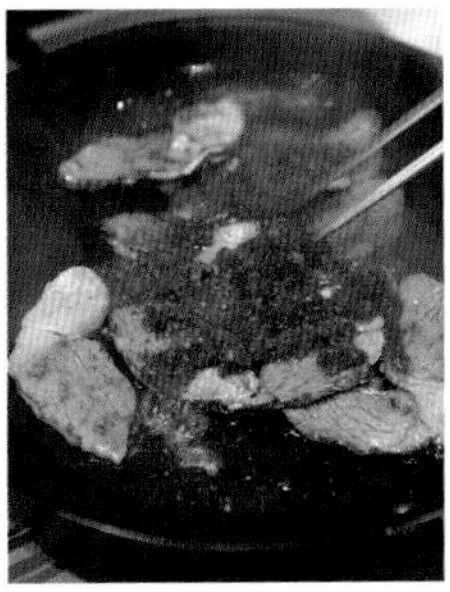

Pasta & Salad

しっかり味でボリュームのあるお肉のパスタは、お漬け物感覚で食べられる「白菜のゆず漬け」（→ P41）や、「揚げなすとみょうがのポン酢あえ」（→ P48）のような、さっぱりとしたサラダと合わせると、バランスのいい食卓になります。

Pasta

青じそベーゼパスタ(→ P30)

青じそベーゼ＆
いくらのパスタ(→ P30)

青じそペーゼ＆
アボカドのパスタ（→P30）

青じそペーゼ＆
焼きのりのパスタ（→P31）

青じそベーゼパスタ（P28）

青じそベーゼ（→ P7）で作る基本のひと皿。青じそが香るソースの味をお楽しみください。ここではロングパスタのリングイネを使いました。

材料｜2人分

好みのロングパスタ　160～200g
青じそベーゼ（→P7）　大さじ2～3
パルメザンチーズ（すりおろす）　適量

作り方

1 パスタは塩適量（分量外）を加えた湯で袋の表示時間通りにゆで、ざるに上げる。
2 大きめのボウルに青じそベーゼを入れ、1を加えて全体をよく混ぜる。
3 器に盛り、パルメザンチーズをかける。

青じそベーゼ&いくらのパスタ（P28）

基本のパスタにいくらをのせて、プチプチ食感と魚卵の塩けやうまみを加えました。パスタは、味のある古代小麦のペンネを使っています。

材料｜2人分

好みのショートパスタ　160～200g
青じそベーゼ（→P7）　大さじ2～3
いくら　大さじ2

作り方

1 パスタは塩適量（分量外）を加えた湯で袋の表示時間通りにゆで、ざるに上げる。
2 大きめのボウルに青じそベーゼを入れ、1を加えて全体をよく混ぜる。
3 器に盛り、いくらをのせる。

青じそベーゼ&アボカドのパスタ（P29）

アボカドをトッピングして、基本のパスタに食感とボリュームを加えました。パスタは、玄米で作られているフェットチーネを使っています。

材料｜2人分

好みのロングパスタ　160～200g
青じそベーゼ（→P7）　大さじ2～3
アボカド　1個

作り方

1 パスタは塩適量（分量外）を加えた湯で袋の表示時間通りにゆで、ざるに上げる。
2 アボカドは縦半分に切って皮と種をとり、5㎜幅に切る。
3 大きめのボウルに青じそベーゼを入れ、1を加えて全体をよく混ぜる。器に盛り、2をのせる。

青じそベーゼ&焼きのりのパスタ（P29）

ソースがよくからむショートパスタ・フジッリを使ったひと皿。
焼きのりは、手軽に風味をプラスできる便利なトッピングです。

材料｜2人分

好みのショートパスタ　160～200g
青じそベーゼ（→P7）　大さじ2～3
焼きのり（全型）　1枚

作り方

1 パスタは塩適量（分量外）を加えた湯で袋の表示時間通りにゆで、ざるに上げる。

2 大きめのボウルに青じそベーゼを入れ、**1**を加えて全体をよく混ぜる。

3 器に盛り、手でちぎったのりをのせる。

Pasta & Salad

基本の青じそベーゼパスタや、のりをトッピングしたパスタには「豚しゃぶサラダ」（→P45）などボリュームのあるものが合います。いくらやアボカドをトッピングしたパスタは、さっぱりとしたサラダを合わせるのがおすすめ。

Salad

洋なしとあんぽ柿、
ブッラータのサラダ

(→ P34)

Pasta

焼きパプリカ＆
アンチョビの冷製パスタ

(→ P34)

Pasta

ゴルゴンゾーラ&
ハーブのクリームパスタ

(→ P35)

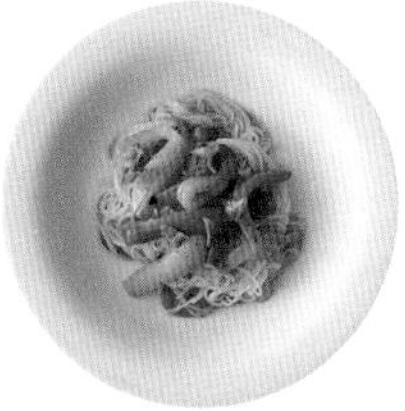

焼きパプリカ＆アンチョビの冷製パスタ （P32）

焼いたパプリカの甘みをアンチョビの塩けとうまみが引き立てる名コンビ。
冷製パスタには、細いロングパスタのカッペリーニを使います。

材料｜2人分

カッペリーニ　100g
パプリカ（赤・黄）　各1/2個
アンチョビフィレ　4切れ
にんにく（すりおろす）　少々
白ワインビネガー　大さじ1
オリーブオイル　大さじ2
塩・粗びき黒こしょう　各適量

作り方

1 パプリカは魚焼きグリルで皮がこんがりとするまで焼く。冷めたら皮をむき、細切りにする。
※魚焼きグリルがなければ、焼き網にのせてコンロで焼く。

2 カッペリーニは塩適量（分量外）を加えた湯で袋の表示時間通りにゆで、氷水にとってよく冷やし、水けをきる。

3 ボウルに**1**、**2**、にんにく、白ワインビネガー、オリーブオイル、塩、黒こしょうを入れて全体をよく混ぜる。

4 器に盛り、粗く切ったアンチョビをのせる。

洋なしとあんぽ柿、ブッラータのサラダ （P32）

ブッラータは、モッツァレラのようなフレッシュチーズで、
中にクリームが詰まっています。桃やいちごなどで作るのもおすすめ。

材料｜2人分

洋なし　1/2個
あんぽ柿　2個
ブッラータ　1個
塩　少々
白ワインビネガー・
　オリーブオイル　各適量

作り方

1 洋なしはくし形に切り、あんぽ柿はひと口大に切る。

2 器の中央にブッラータを盛り、周りに**1**を交互に並べる。塩をふり、白ワインビネガーとオリーブオイルをまわしかける。

Pasta & Salad

カラフルなパスタと、フルーツとチーズのサラダは、暑い季節の女子会ランチなどで喜ばれる組み合わせです。サラダは「チョップドサラダ」（→P10）や「トマトとクレソンのサラダ」（→P21）にしても、楽しいテーブルになりますね。

ゴルゴンゾーラ&
ハーブのクリームパスタ（P33）

チーズと生クリームの濃厚なソースに、ハーブで爽快感を加えた一品。
パスタは、ソースがよくからむショートパスタのフジッリです。

材料｜2人分

好みのショートパスタ　160～200g
ゴルゴンゾーラチーズ　80g
イタリアンパセリ　10～12枚
生クリーム　1カップ
パルメザンチーズ（すりおろす）
　大さじ4
こしょう　適量

作り方

1 パスタは塩適量（分量外）を加えた湯で袋の表示時間通りにゆで、ざるに上げる。

2 フライパンにゴルゴンゾーラチーズ、生クリーム、パルメザンチーズ、こしょうを入れて中火にかける(a)。チーズを溶かしながら混ぜ(b)、とろりとしてきたら火を止める。

3 1を加え(c)、全体をよく混ぜる。器に盛り、イタリアンパセリをのせる。

a

b

c

Pasta & Salad

ゴルゴンゾーラの塩けがきいたクリーミィなパスタには、「かぼちゃとくるみのマッシュサラダ」（→ P36）や、「さつまいもとたこのガリシア風」（→ P70）など、野菜の甘みを活かしたサラダがぴったりです。

Salad

パスタに合う洋風サラダ

本書のパスタと一緒に食べたい、シンプルな洋風サラダです。

コールスロー

(→ P38)

**かぼちゃとくるみの
マッシュサラダ**

(→ P38)

夏野菜のグリル

(→ P39)

ピーマンとしいたけの
チーズ焼き

(→ P39)

コールスロー（P36）

和洋問わず、いろいろなパスタと相性のいい定番サラダ。キャベツはできるだけ細いせん切りにすると、口当たりよくふわっと仕上がります。

材料｜2人分

キャベツ　1/4個
玉ねぎ　1/2個
セロリ　1本
ハム　4枚

ドレッシング

酢・油　各大さじ3
砂糖　大さじ1
塩・粗びき黒こしょう　各適量

a

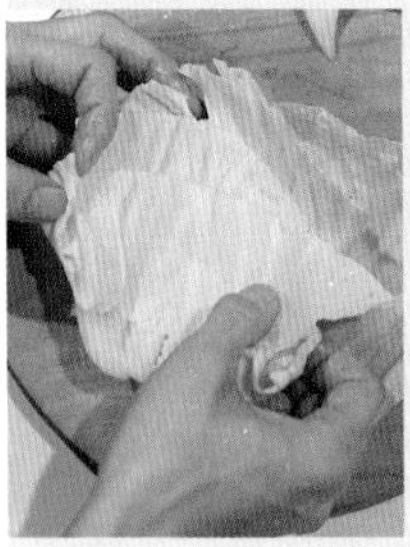

作り方

1 キャベツは1枚ずつばらして芯をとり、葉脈をそろえて重ね(a)、くるくるとまるめて端からせん切りにする。

2 玉ねぎは薄切りにし、セロリは4㎝長さにしてせん切りにする。ハムは半分にして細切りにする。

3 大きめのボウルにドレッシングの材料を入れて混ぜ合わせ、**1**と**2**を加えてよくあえる。野菜がしんなりするまで冷蔵庫で冷やす。

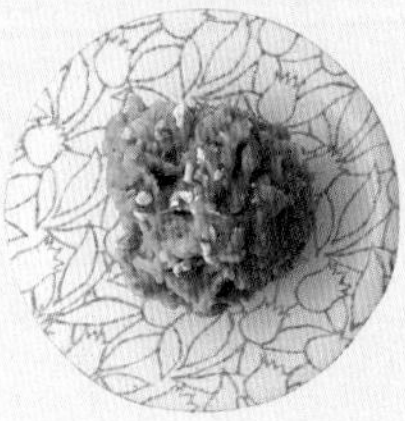

かぼちゃとくるみのマッシュサラダ（P36）

マヨネーズを使わないかぼちゃサラダは、すっきりとしたあと味です。
かぼちゃはところどころ皮を残して、味と見た目のアクセントに。

材料｜2人分

かぼちゃ　1/4個
くるみ　大さじ3
玉ねぎ　1/4個
酢・油　各大さじ2
塩・粗びき黒こしょう　各適量

a

作り方

1 かぼちゃはひと口大に切り、耐熱皿に入れて水少々をふる。ラップをかけ(a)、電子レンジでやわらかくなるまで7～8分加熱する。

2 くるみは粗く刻んでフライパンでから炒りする。玉ねぎは薄切りにし、さっと水にさらして水けをきる。

3 ボウルにところどころ皮をとった**1**を入れてめん棒などでつぶし、**2**、酢、油、塩、黒こしょうを加えて混ぜる。

夏野菜のグリル（P37）

肉が主役のパスタと合わせたいサラダ。オリーブオイルで
こんがりと焼いた夏野菜はジューシーで、自然な甘みが際立ちます。

材料｜2人分

ズッキーニ　1本
なす　2本
ミディアムトマト　6〜7個
ディル　適量
白ワインビネガー・オリーブオイル　各適量
塩・粗びき黒こしょう　各適量

作り方

1 ズッキーニとなすは1cm厚さに切る。

2 グリルパン（なければフライパン）にオリーブオイルを熱し、1とトマトを並べて(a)、中火で両面をこんがりと焼く。

3 器に盛り、手でちぎったディルをのせ、塩、黒こしょうをふり、白ワインビネガーをまわしかける。

a

ピーマンとしいたけのチーズ焼き（P37）

チーズをのせて焼くだけなのに、食べごたえも十分で
どんなパスタにも合う万能サラダです。お酒のつまみにもいいですね。

材料｜2人分

ピーマン　3個
しいたけ　3〜4個
溶けるチーズ　適量

作り方

1 ピーマンは半分に切って種とワタを除く。しいたけは軸をとる。

2 魚焼きグリルに1を並べ、それぞれ溶けるチーズをのせる(a)。こんがりと焼き色がつくまで焼く。
※魚焼きグリルがなければ、オーブントースターで焼く。

a

豆腐と海藻の
サラダ(→ P42)

Salad

パスタに合う和風サラダ

本書のパスタと一緒に食べたい、
ヘルシーな和風のサラダです。

貝割れと長いも、
かにかまの
おかかあえ(→ P42)

白菜のゆず漬け
(→ P43)

トマトときゅうりの
カリカリじゃこがけ
(→ P43)

豆腐と海藻のサラダ（P40）

しょうがとごま油の風味に、お酢の酸味を加えた万能ドレッシングで
豆腐と海藻がたっぷり食べられます。しっかり味のパスタにおすすめ。

材料｜2人分

木綿豆腐　1/2〜1丁
海藻ミックス(乾燥)　1袋(6g)
白いりごま　大さじ1
しょうがドレッシング
しょうが(せん切り)　1かけ分
しょうゆ・酢・ごま油　各大さじ1
こしょう　適量

作り方

1 しょうがドレッシングの材料を混ぜ合わせる(a)。
2 海藻ミックスは水でもどし、水けをきって器に盛る。手でちぎった豆腐をのせ、ドレッシングをかけて白ごまをふる。

a

貝割れと長いも、かにかまのおかかあえ（P40）

粗くたたいた長いものシャキシャキとした食感が印象的なサラダ。
かに風味かまぼこと削り節が、いい味を出してくれます。

材料｜2人分

貝割れ大根　1パック
長いも　10cm
かに風味かまぼこ　5本
削り節　1袋(5g)
しょうゆ　適量

作り方

1 貝割れ大根は根元を切り落とす。長いもはポリ袋に入れ、袋の上からめん棒などでたたく(a)。
2 かに風味かまぼこは手で細く裂く。
3 ボウルに**1**、**2**、削り節を入れて混ぜ、器に盛り、しょうゆをかける。

a

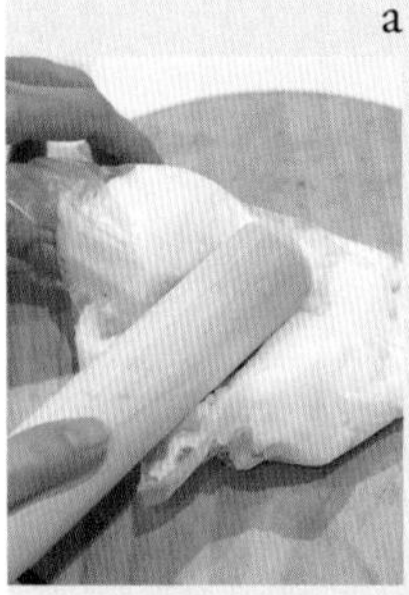

白菜のゆず漬け（P41）

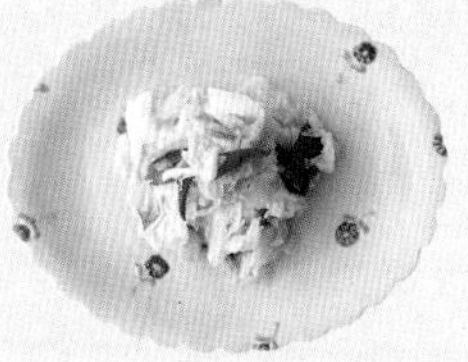

ほどよく発酵した白菜の甘みと酸味が絶妙な、漬け物風のサラダです。
パスタ料理の箸休めとして大活躍します！

材料｜2人分

白菜　1/6個
ゆずの皮　1/4個分
昆布　10cm
赤唐辛子　2本
塩　小さじ2

作り方

1 白菜は2cm幅に切り、ゆずの皮は包丁で小さくまるく削る。昆布は2cm四方に切り、赤唐辛子は半分に切って種をとる。

2 大きめのボウルに1と塩を入れて混ぜ、漬け物用の容器に移し、ぎゅっと圧力をかける(a)。
※冷蔵庫で3日ほど寝かせると、昆布のとろみが出て食べ頃に。漬け物用容器がなければ、ジッパーつきのポリ袋に入れ、袋の上からもむ。

a

トマトときゅうりのカリカリじゃこがけ（P41）

多めのごま油でカリカリに炒めたじゃこが、味と食感のアクセント。
いろいろなパスタと相性がよく、手間いらずな万能サラダです。

材料｜2人分

トマト　2個
きゅうり　1本
ちりめんじゃこ　大さじ4
ごま油　大さじ2

作り方

1 トマトはひと口大に切り、きゅうりは乱切りにする。

2 フライパンにごま油とちりめんじゃこを入れ、中火でカリカリになるまで炒める。

3 器に1を盛り、油をきった2をかける。

a

Salad

パスタに合うお肉サラダ

シンプルなパスタと合わせたい、肉が主役のボリュームサラダです。

タリアータ(→ P46)

豚しゃぶサラダ
(→ P46)

タリアータ（P44）

タリアータは、薄く切った牛肉のステーキを野菜やチーズと合わせる
イタリア料理。野菜メインのあっさりとしたパスタと一緒に食べたいですね。

a

材料｜2人分

牛肉（ステーキ用）　1枚
塩・粗びき黒こしょう　各適量
ルッコラ　大1袋
パルメザンチーズ（薄く削る）　適量
バルサミコ酢　大さじ1
オリーブオイル　適量

作り方

1 牛肉は常温にもどし、全体に塩、黒こしょうをふる。フライパンにオリーブオイル少々を熱し、牛肉を入れて両面をこんがりと、中はレアに焼き、1cm幅に切る。

2 ルッコラは長さを半分に切る。
※買ってきたらすぐに洗って水けをきり、キッチンペーパーを敷いたバットなどに入れ（a）、ラップをかけて冷蔵庫で保存しておくとフレッシュな状態を保ちやすい。

3 器に**2**を敷き、**1**とパルメザンチーズをのせる。塩少々をふり、バルサミコ酢とオリーブオイル大さじ1をまわしかける。

豚しゃぶサラダ（P45）

ゆで卵を加えてボリューミィに仕上げた豚しゃぶサラダ。
酸味のきいたごまドレッシングが、具材のおいしさを引き立てます。

a

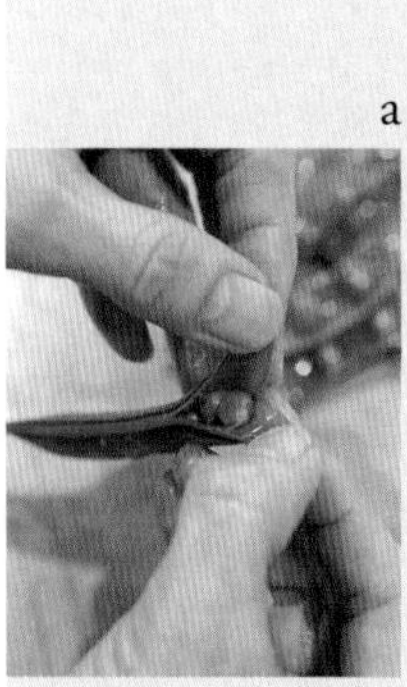

材料｜2人分

豚肉（しゃぶしゃぶ用）　200g
スナップえんどう　5〜6個
卵　3個
白ごまドレッシング
白すりごま　大さじ4
マヨネーズ・酢　各大さじ2
しょうゆ　大さじ1
砂糖　小さじ1

作り方

1 豚肉は熱湯でさっとゆで、ざるに上げる。卵はお玉などで熱湯にそっと入れ、中火で7〜8分ゆで、殻をむいて半分に切る。

2 スナップえんどうは塩少々（分量外）を加えた湯でゆで、ざるに上げる。冷めたら半分に裂く（a）。

3 白ごまドレッシングの材料を混ぜ合わせる。

4 器に**1**と**2**を盛り、ドレッシングをかける。

PART2

具材2品でできる
ボリュームパスタ

2つの具材でささっと手軽にできるのに、
大満足のパスタレシピを紹介します。
家族の食卓やおもてなしなど、場面に合わせて
幅広く楽しめるラインナップです！

Salad

揚げなすとみょうがの
ポン酢あえ（→ P52）

Pasta

納豆と鶏ひき肉のパスタ
（→ P52）

Pasta

豚バラと野沢菜のパスタ

（→ P53）

Salad

ツナと紫玉ねぎの
ポテトサラダ(→ P54)

Pasta

かきとせりの
オイルパスタ
(→ P54)

Pasta

スモークサーモンと
アスパラガスの
クリームパスタ(→ P55)

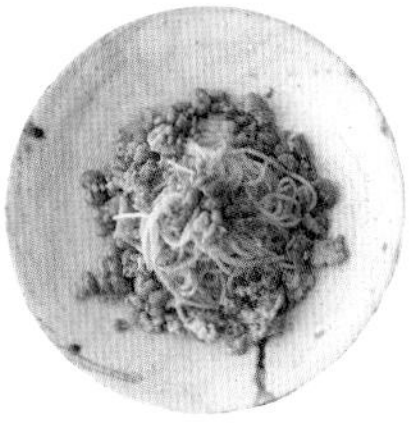

納豆と鶏ひき肉のパスタ（P48）

おうちパスタの定番にしたい、リピート必至のひと皿です。
もうひと手間かけるなら、刻んだ万能ねぎや青じそを散らしても。

材料｜2人分

スパゲッティ　160～200g
納豆　3パック
鶏ももひき肉　200g
にんにく（みじん切り）　2片分
しょうゆ　小さじ1
塩・粗びき黒こしょう　各適量
オリーブオイル　大さじ2
粉山椒　少々

作り方

1 納豆は付属のたれとからしを加えて混ぜる。
2 スパゲッティは塩適量（分量外）を加えた湯で袋の表示時間より1分短くゆでて、ざるに上げる。
3 フライパンにオリーブオイルとにんにくを入れて中火で熱し、にんにくがうっすらと色づいてきたら、ひき肉を加えてしっかりと炒める。
4 しょうゆ、塩、黒こしょうを加えて炒め、1と2を加えて全体をよく混ぜる。器に盛り、粉山椒をふる。

揚げなすとみょうがのポン酢あえ（P48）

なすのおいしさを堪能できる一品。多めの油でじっくりと揚げ焼きして、
表面は香ばしく、中はジューシーに火を通すのがポイントです。

材料｜2人分

なす　3本
みょうが　3個
ポン酢　大さじ2
油　適量

作り方

1 なすは1cm厚さの輪切りにする。フライパンに約1cm高さの油となすを入れて中火で熱し、両面がこんがりとするまでじっくりと揚げ焼きする。
2 みょうがはせん切りにする。
3 ボウルに1、2、ポン酢を入れてあえる。

Pasta & Salad

たんぱく質の豊富なパスタと、なすが主役のサラダは、日々の食卓に取り入れたい栄養満点の組み合わせ。納豆のねっとりとした食感を、ポン酢であえたさっぱりサラダがすっきりとさせてくれます。

豚バラと野沢菜のパスタ（P49）

豚バラ肉のうまみと野沢菜の塩けがきいた、パンチのあるパスタです。
ここでは、ロングパスタのリングイネを使いました。

材料｜2人分

好みのロングパスタ　160～200g
豚バラ薄切り肉　200g
野沢菜の漬け物　50g
塩・粗びき黒こしょう　各適量
オリーブオイル　大さじ1

作り方

1 パスタは塩適量（分量外）を加えた湯で袋の表示時間より1分短くゆで、ざるに上げる。

2 豚肉は3cm幅に、野沢菜は5cm長さに切る。

3 フライパンにオリーブオイルを熱し、豚肉を入れて中火で両面をこんがりと焼く(a)。

4 野沢菜を加え(b)、軽く炒めて**1**を加え(c)、全体をよく混ぜる。塩、黒こしょうで味を調える。

a

b

c

Pasta & Salad

しっかりとした味のこのパスタには、「豆腐と海藻のサラダ」（→ P40）など、さっぱりとしたサラダが合いますが、「ピーマンとしいたけのチーズ焼き」（→ P37）と合わせてボリュームアップしてもいいですね。

かきとせりのオイルパスタ（P50）

うまみの強いかきには、せりのような香りの強い野菜がよく合います。
同じ季節に出回るので、旬ならではのコンビネーションを楽しんで。

材料｜2人分

スパゲッティ　160～200g
かき　8粒
せり　1袋
にんにく（みじん切り）　2片分
赤唐辛子（小口切り）　適量
白ワイン・オリーブオイル
　各大さじ2
塩・粗びき黒こしょう　各適量

作り方

1 スパゲッティは塩適量（分量外）を加えた湯で袋の表示時間より1分短くゆで、ざるに上げる。

2 かきはよく洗って水けをきり、半分に切る。せりは5cm長さに切る。

3 フライパンにオリーブオイルとにんにくを入れて中火で熱し、にんにくがうっすらと色づいてきたら、赤唐辛子とかきを加えて炒め、塩少々と白ワインを加える。

4 かきに火が通ったら**1**を加えて全体をよく混ぜ、せりを加えてざっと炒め合わせる。塩、黒こしょうで味を調える。

ツナと紫玉ねぎのポテトサラダ（P50）

レモン汁と塩、こしょうで味つけするポテトサラダは新鮮な味わい。
紫玉ねぎとバジルも加わって、パスタによく合うさわやかな一品です。

材料｜2人分

じゃがいも　3～4個
ツナ缶　1缶（70g）
紫玉ねぎ　1/2個
バジル　5枚
レモン汁　1個分
塩・こしょう　各適量

作り方

1 じゃがいもは皮つきのまま、やわらかくなるまでゆでる（または蒸す）。

2 ツナは缶汁を軽くきる。紫玉ねぎはみじん切りにする。バジルは手でちぎる。

3 じゃがいもは熱いうちに皮をむいてボウルに入れ、めん棒などでつぶす。**2**、レモン汁、塩、こしょうを加えて混ぜる。

Pasta & Salad

かきのうまみたっぷりのパスタに、レモンの酸味をきかせたさわやかなポテトサラダを合わせました。白と緑が映える食卓もきれいで、おもてなしにもおすすめ。サラダは「かぼちゃとくるみのマッシュサラダ」（→ P 36）でもよく合います。

スモークサーモンとアスパラガスのクリームパスタ（P51）

**サーモン、アスパラ、生クリームは黄金トリオ。文句なしのおいしさです。
ちょこちょことつまみやすいペンネは、ワインのお供にも。**

材料｜2人分

ペンネ　160～200g
スモークサーモン　5枚
グリーンアスパラガス　6本
生クリーム　1カップ
パルメザンチーズ（すりおろす）
　大さじ3
粗びき黒こしょう　適量

作り方

1 アスパラガスは5cm長さの斜め切りにする。

2 ペンネは塩適量（分量外）を加えた湯で袋の表示時間通りにゆで、ゆで上がりの2分前に**1**を加え（a）、一緒にざるに上げる。

3 フライパンに、半分に切ったスモークサーモン、生クリーム、パルメザンチーズを入れて中火にかけ（b）、沸騰直前まで加熱し、黒こしょうをふって火を止める（c）。

4 **2**を加えて全体をよく混ぜ、器に盛り、黒こしょうをふる。

a

b

c

Pasta & Salad

サーモンの塩けと生クリームとチーズのコクがきいたしっかり味のパスタは、爽快なあと味の「たことセロリのセビーチェ」（→ P62）や、野菜の味をそのまま楽しめる「夏野菜のグリル」（→ P37）と好相性です。

Pasta

いかと九条ねぎの和風しょうがパスタ

九条ねぎの甘みとしょうがの風味が、いかのうまみを引き立てる極上パスタ。
薄口しょうゆが、まろやかな味にまとめてくれます。

材料｜2人分

スパゲッティ　160～200g
いかの胴（やりいか、するめいかなど）
　1ぱい分
九条ねぎ（または万能ねぎ）　5本
しょうが（みじん切り）　2かけ分
塩・こしょう　各少々
薄口しょうゆ　小さじ2
オリーブオイル　大さじ2

作り方

1. スパゲッティは塩適量（分量外）を加えた湯で袋の表示時間より1分短くゆで、ざるに上げる。
2. いかはワタと軟骨をとり、1cm幅の筒切りに、九条ねぎは4cm長さの斜め切りにする。
3. フライパンにオリーブオイルを熱し、いか、塩、こしょうを入れて中火で炒める。
4. いかに火が通ったら九条ねぎ、**1**、しょうがを加えて全体をよく混ぜ、薄口しょうゆを加えて味を調える。

Salad

にらの黄身のっけ

相性抜群のにらと卵で、おもてなしにもおすすめのかわいい一品に。
卵黄をしっかりとにらにからめて、絶妙なハーモニーを楽しんでください。

材料｜2人分

にら　2束
卵黄　2個分
しょうゆ　少々

作り方

1 にらは根元にたこ糸を巻き、しっかりと結ぶ。塩少々(分量外)を加えた熱湯で1分ほどゆで、ざるに上げる。

2 冷めたらたこ糸をとって4cm長さに切り、ひとまとめにして水けを絞り、立てた状態で器に盛る。中央を少しへこませ、卵黄をのせてしょうゆをかける。

Pasta & Salad

パスタもサラダもしょうゆの風味をきかせた、相性ぴったりの組み合わせです。卵黄とにらをパスタに混ぜ合わせてもいいですね。ひと味違うおいしさを味わえます。

材料｜2人分

ペンネ　140g
じゃがいも　2個
ブロッコリー　1/2個
にんにく(みじん切り)　2片分
赤唐辛子(種をとる)　1本
塩・こしょう　各適量
オリーブオイル　大さじ3
パルメザンチーズ(すりおろす)　適量

作り方

1 じゃがいもは皮をむき、半分に切って1cm厚さに切る。ブロッコリーは小房に分ける。

2 ペンネは塩適量(分量外)を加えた湯にじゃがいもとともに入れ、袋の表示時間通りにゆでる。ゆで上がりの3分前にブロッコリーを加えてゆで、すべて一緒にざるに上げる。

3 フライパンにオリーブオイルとにんにくを入れて中火で熱し、にんにくがうっすらと色づいてきたら赤唐辛子を加え、火を止める。

4 **2**を加えて全体をよく混ぜ、塩、こしょうで味を調える。器に盛り、パルメザンチーズをかける。

Pasta

じゃがいもとブロッコリーのパスタ

ペンネと野菜を一緒にゆでる手軽さがうれしいレシピです。
じゃがいもはやわらかく、ブロッコリーは食感を残してゆでるのがコツ。

Salad

生ハムとりんご、マッシュルームのサラダ

シンプルな味つけで、3つの素材の味と食感を楽しむサラダ。
冷えた白ワインやスパークリングワインのつまみにもなります。

材料｜2人分

生ハム　4枚
りんご　1/2個
マッシュルーム　6個
パルメザンチーズ(薄く削る)　適量
塩・粗びき黒こしょう　各適量
オリーブオイル　大さじ1

作り方

1 生ハムは手で半分にちぎる。りんごは皮つきのままくし形切りにし、さらに薄切りにする。マッシュルームは薄切りにする。

2 器に**1**を盛り、パルメザンチーズを散らし、塩、黒こしょうをふってオリーブオイルをまわしかける。

Pasta & Salad

野菜メインの簡単パスタも、生ハムが主役のちょっとおしゃれなサラダを合わせると、おもてなしにもなる組み合わせに。パスタのじゃがいものねっとり食感と、サラダのりんごのシャキシャキ食感のハーモニーもポイントです。

Salad

焼きなすのとろろがけ

Pasta

ツナとしめじのパスタ

ツナとしめじのパスタ

ツナときのこから出るうまみがパスタにからんで格別のおいしさ。
調味料がわりに加える、刻んだ塩昆布もいい味を出してくれます。

材料｜2人分

スパゲッティ　160～200g
しめじ　1パック
ツナ缶　1缶(70g)
にんにく(薄切り)　1片分
赤唐辛子(小口切り)　適量
塩昆布(刻む)　大さじ1/2
オリーブオイル　大さじ1

作り方

1 スパゲッティは塩適量(分量外)を加えた湯で袋の表示時間より1分短くゆで、ざるに上げる。

2 しめじは根元を切り落としてほぐす。

3 フライパンにオリーブオイルとにんにくを入れて中火で熱し、うっすらと色づいてきたら赤唐辛子と**2**を加えて炒め、ツナを缶汁ごと加えて炒める。

4 **1**と塩昆布を加え、全体をよく混ぜる。

焼きなすのとろろがけ

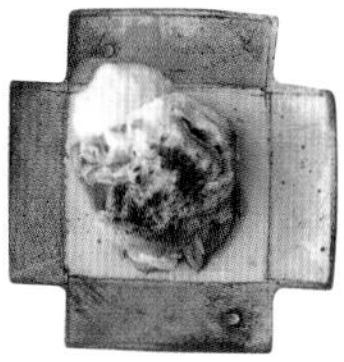

ジューシーな焼きなすに、とろろをしっかりとからめていただきます。
仕上げにふる青のりは、味と香りの大事なアクセントです。

材料｜2人分

なす　3本
長いも　10cm
青のり・しょうゆ　各適量

作り方

1 なすは皮つきのまま、魚焼きグリルで皮が真っ黒になるまで焼く。粗熱がとれたら皮をむき、食べやすく裂いて器に盛る。
※魚焼きグリルがなければ、焼き網にのせてコンロで焼く。

2 長いもはすりおろして**1**にのせ、青のりをふってしょうゆをかける。

Pasta & Salad

きのこのパスタとなすのサラダは、ヘルシーなのに満足感のある組み合わせ。どちらも手軽にできるので、日々の食卓に取り入れてみてください。サラダを「アボカドとまぐろのサラダ」(→P22)にかえると、ちょっと豪華な食卓に。

Salad

たことセロリの
セビーチェ

Pasta

あさりとプチトマトの
パスタ

あさりとプチトマトのパスタ

あさりのうまみとプチトマトの甘酸っぱさをまとったパスタは絶品！
あればパセリのみじん切りを散らすと、ワンランクアップします。

材料｜2人分

スパゲッティ　160～200g
あさり（砂出し済み）　250g
プチトマト　10個
にんにく（みじん切り）　2片分
赤唐辛子（種をとる）　1本
白ワイン　大さじ2
塩・粗びき黒こしょう　各適量
オリーブオイル　大さじ3

作り方

1. スパゲッティは塩適量（分量外）を加えた湯で袋の表示時間より1分短くゆで、ざるに上げる。
2. あさりは殻をこすり合わせてよく洗う。プチトマトは半分に切る。
3. フライパンにオリーブオイルとにんにくを入れて中火で熱し、うっすらと色づいてきたら赤唐辛子と**2**を加え、白ワインをふってふたをし、蒸し煮にする。
4. あさりの口が開いたら**1**を加えて全体をよく混ぜ、塩、黒こしょうで味を調える。

たことセロリのセビーチェ

セロリとレモン汁、ピリ辛の青唐辛子を合わせた爽快なサラダ。
たこはなるべく薄く切ると食べやすく、味がよくなじみます。

材料｜2人分

たこの足（刺し身用）　1本
セロリ　1本
レモン汁　1個分
にんにく（すりおろす）　少々
青唐辛子（小口切り）　1本分
油　大さじ1
塩　少々

作り方

1. たことセロリは薄切りにする。
2. ボウルに**1**と残りの材料をすべて入れてあえる。

Pasta & Salad

魚介のおいしさを堪能できて、見た目のバランスもすてきな組み合わせ。サラダは「紫玉ねぎの酢漬けサラダ」（→ P13）や「キャロットラペ　サーモン添え」（→ P19）にかえても、バランス良好です。

Pasta

目玉焼きとベーコンのパスタ

目玉焼きとベーコンのパスタ

とろりとした半熟の目玉焼きと、ベーコンの脂をからめたパスタは絶品！
料理ビギナーでも挑戦できる、簡単レシピも魅力のひとつです。

材料｜2人分

スパゲッティ　160～200g
卵　2個
ベーコン　4枚
にんにく(みじん切り)　2片分
オリーブオイル　適量
パルメザンチーズ(すりおろす)　適量

作り方

1 スパゲッティは塩適量(分量外)を加えた湯で袋の表示時間通りにゆで、ざるに上げる。

2 フライパンにオリーブオイル少々を熱し、卵を割り入れて中火で焼く。ふちが色づいてきたら火を止め、しばらくそのままおく(a)。

3 ベーコンは3cm幅に切る。別のフライパンにオリーブオイル大さじ2とにんにくを入れて中火で熱し、にんにくがうっすらと色づいてきたらベーコンを加えて炒める(b)。

4 ベーコンがカリカリとしたら**1**を加え、全体をよく混ぜる(c)。器に盛り、**2**をのせ、パルメザンチーズをかける。

a

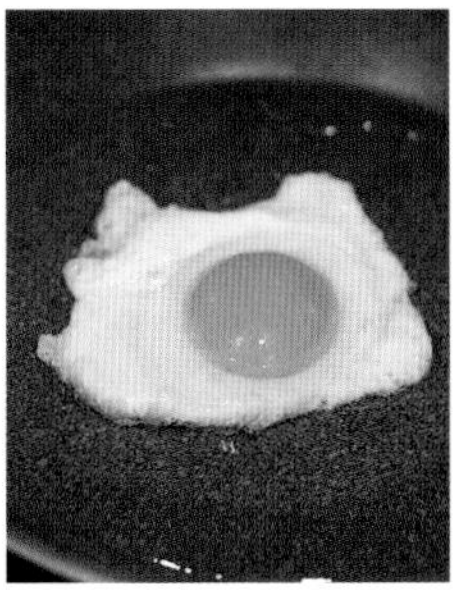

b

c

Pasta & Salad

このパスタは、本書で紹介している洋風サラダ(→ P36～39)と和風サラダ(→ P40～43)の、どれと合わせてもバランス良好です。好みやシチュエーションに合わせて、いろいろなコンビネーションを楽しんでください。

Pasta

ポモドーロパスタ(→ P68)

ポモドーロと
ほたてのパスタ(→ P68)

ポモドーロと
牛肉のパスタ（→ P69）

ポモドーロと
ホワイトソースのラザニア
（→ P69）

ポモドーロパスタ（P66）

ポモドーロ（→ P7）で作る基本のひと皿。ここではリングイネで作りました。
濃厚なソースなので、パスタのゆで汁を加えて、少しのばすのがポイントです。

材料｜2人分

好みのロングパスタ　160～200g
ポモドーロ（→ P7）　約1カップ
パルメザンチーズ（すりおろす）　適量

作り方

1 パスタは塩適量（分量外）を加えた湯で袋の表示時間より1分短くゆで、ざるに上げる。ゆで汁はとっておく。

2 フライパンにポモドーロを入れて火にかけ、軽く温める。1とゆで汁大さじ2～3を加え、全体をよく混ぜる。

3 器に盛り、パルメザンチーズをかける。

ポモドーロとほたてのパスタ（P66）

トマトのうまみが凝縮されたソースと、表面を香ばしく焼いたほたてを合わせた、
味も見た目も贅沢な一品。パスタはリングイネを使いました。

材料｜2人分

好みのロングパスタ　160～200g
ポモドーロ（→ P7）　約1カップ
ほたて（刺し身用）　6個
塩　少々
オリーブオイル　大さじ2
パルメザンチーズ（すりおろす）　適量

作り方

1 パスタは塩適量（分量外）を加えた湯で袋の表示時間より1分短くゆで、ざるに上げる。ゆで汁はとっておく。

2 ほたては塩をふる。フライパンにオリーブオイルを熱し、ほたてを入れて両面をこんがりと焼く。

3 別のフライパンにポモドーロを入れて火にかけ、軽く温める。1とゆで汁大さじ2～3を加え、全体をよく混ぜる。

4 器に盛り、2をのせ、パルメザンチーズをかける。

ポモドーロと牛肉のパスタ（P67）

ポモドーロと牛肉の相性が抜群で、リッチな味わい。
牛肉はソースがよくからみ、パスタともなじみやすい薄切り肉を使います。

材料｜2人分

スパゲッティ　160～200g
ポモドーロ（→P7）　約1カップ
牛薄切り肉　150g
塩・粗びき黒こしょう　各適量
牛脂　1個（なければ油適量）
パルメザンチーズ（すりおろす）　適量

作り方

1 スパゲッティは塩適量（分量外）を加えた湯で袋の表示時間より1分短くゆで、ざるに上げる。ゆで汁はとっておく。

2 フライパンに牛脂を入れて熱し、牛肉を加えて中火で炒め、塩、黒こしょうをふる。

3 ポモドーロを加えて牛肉にからめ、**1**とゆで汁大さじ2～3を加え、全体をよく混ぜる。

4 器に盛り、パルメザンチーズをかける。

ポモドーロとホワイトソースのラザニア（P67）

ミートソースのかわりにポモドーロで作る、さっぱりとしたラザニアです。
ホワイトソースはバターと小麦粉を焦がさずに火を通すのがポイント。

材料｜2人分

ラザニア用パスタ　6～8枚
ポモドーロ（→P7）　約1カップ
ホワイトソース
- バター・小麦粉　各大さじ3
- 牛乳　2カップ
- 塩・こしょう　各適量

溶けるチーズ・パン粉　各適量

作り方

1 ホワイトソースを作る。フライパンにバターを入れて熱し、溶けたら小麦粉を加え、焦がさないようにしながら弱火でよく炒める。牛乳を少しずつ加え、泡立て器で混ぜ、塩、こしょうで味を調える。

2 パスタは塩適量（分量外）を加えた湯で袋の表示時間通りにゆで、ざるに上げる。

3 耐熱皿にポモドーロを薄く敷き、**2**と残りのポモドーロを3～4回に分けて交互に重ねる。最後にホワイトソースをのせ、溶けるチーズとパン粉を全体に散らす。

4 200℃に予熱したオーブンに入れ、表面がこんがりとするまで約20分焼く。

Pasta & Salad

基本のポモドーロパスタには「タリアータ」（→P44）や「豚しゃぶサラダ」（→P45）などボリュームあるサラダを。3つのアレンジパスタには、「紫玉ねぎの酢漬けサラダ」（→P13）や「コールスロー」（→P36）などがおすすめです。

Salad

さつまいもとたこの
ガリシア風（→ P74）

Pasta

フルーツトマトとバジルの
冷製パスタ（→ P74）

Pasta

鶏ひき肉とローズマリーの
クリームパスタ (→ P.75)

Pasta

ベーコンとセロリの
スープパスタ(→P.76)

Salad

スチームグリーンサラダ
(→P77)

Pasta

ソーセージとピーマンの
ナポリタン(→P77)

フルーツトマトとバジルの冷製パスタ（P70）

暑い季節に食べたいさわやかな冷製パスタ。フルーツトマトは
皮を湯むきするひと手間で、トマトの味が全体によくなじみます。

材料｜2人分

カッペリーニ　100g
フルーツトマト　4個
バジル　10～12枚
にんにく(すりおろす)　少々
塩・粗びき黒こしょう　各適量
オリーブオイル　大さじ3

作り方

1 フルーツトマトは皮を湯むきし、くし形切りにする。

2 大きめのボウルに、1、手でちぎったバジル、にんにく、塩、黒こしょう、オリーブオイルを入れて全体をよく混ぜる。

3 カッペリーニは塩適量(分量外)を加えた湯で袋の表示時間通りにゆで、氷水にとって冷やし、水けをよくきる。2に加えて全体をよく混ぜる。

さつまいもとたこのガリシア風（P70）

たこのガリシアはスペインバルのつまみの定番。じゃがいもとの
組み合わせが多いですが、ここではさつまいもでお楽しみください。

材料｜2人分

さつまいも　2本
たこの足(刺し身用)　1本
塩・粗びき黒こしょう
　各適量
マヨネーズ・スモークパプリカパウダー
　各適量

作り方

1 さつまいもは皮つきのまま、蒸気の上がった蒸し器に入れ、火が通るまで20～30分蒸して輪切りにする。たこは薄い輪切りにする。

2 器にさつまいもを並べ、たこをのせる。塩、黒こしょうをふり、マヨネーズをかけ、スモークパプリカパウダーをふる。

Pasta & Salad

冷製パスタと温野菜を使ったサラダは、バランスのいい組み合わせ。ほかに「ピーマンとしいたけのチーズ焼き」(→ P37)や「スチームグリーンサラダ」(→ P73)と合わせるのもいいですね。

鶏ひき肉とローズマリーのクリームパスタ（P71）

とても手軽にできるのに、おもてなしにも使える一品。
パスタはソースがよくからむよう、渦巻き形のショートパスタを使いました。

材料｜2人分

好みのショートパスタ　160～200g
鶏ひき肉　200g
ローズマリー　1本
玉ねぎ(みじん切り)　1/2個分
にんにく(みじん切り)　2片分
生クリーム　1カップ
塩・粗びき黒こしょう　各適量
オリーブオイル　大さじ3
パルメザンチーズ(すりおろす)　適量

作り方

1 パスタは塩適量(分量外)を加えた湯で袋の表示時間通りにゆで、ざるに上げる。

2 フライパンにオリーブオイル、玉ねぎ、にんにくを入れて中火で熱し、うっすらと色づいてきたらひき肉を加え、細かくほぐさずにざっくりと混ぜながら炒めて(a)、塩、黒こしょうをふる。

3 ひき肉の色が変わったら、ローズマリーと水2/3カップを加えて煮る(b)。

4 ひき肉に火が通ったら生クリームを加え、沸騰直前で火を止める(c)。**1**を加えて全体をよく混ぜ、塩、黒こしょうで味を調える。

5 器に盛り、パルメザンチーズをかける。

a

b

c

Pasta & Salad

ボリュームのあるクリームパスタには、あっさりとしたサラダが似合います。「キャロットラペ　サーモン添え」(→ P19)や「コールスロー」(→ P36)、「トマトとクレソンのサラダ」(→ P21)などと一緒にお楽しみください。

ベーコンとセロリのスープパスタ (P72)

ベーコンとセロリの味を存分に活かした、ほっとする味のスープパスタ。
ここではリングイネを使いましたが、スパゲッティでもOKです。

材料｜2人分

好みのロングパスタ　80g
ベーコン(ブロック)　150g
セロリ　1本
塩・粗びき黒こしょう　各適量
オリーブオイル　大さじ2

作り方

1 ベーコンは2㎝角に切る。セロリは茎を5㎜角に切り(a)、葉は粗く刻む。

2 鍋にオリーブオイルとセロリの茎を入れ、中火でしっかりと炒めたら、ベーコンを加えて全体を炒める(b)。

3 水2カップを加え、煮立ったらアクをとり、ふたをして弱火で約10分煮る。

4 パスタを4〜5㎝長さに折って加え(c)、袋の表示時間通りに煮る。セロリの葉を加え、塩、黒こしょうで味を調える。

a

b

c

Pasta & Salad

やさしい味のスープパスタは、「貝割れと長いも、かにかまのおかかあえ」(→P40)や、「トマトときゅうりのカリカリじゃこがけ」(→P41)のような、歯ごたえのあるサラダと合わせるとバランスがよくなります。

ソーセージとピーマンのナポリタン（P73）

パスタ料理の定番のナポリタンも、少ない具材でおいしくできます。
味出し食材の玉ねぎとにんにくのみじん切りが、味を深めてくれます。

材料｜2人分

スパゲッティ　160～200g
ソーセージ　5本
ピーマン　2個
玉ねぎ（みじん切り）　1/2個分
にんにく（みじん切り）　1片分
ケチャップ　大さじ3
塩・こしょう　各適量
オリーブオイル　大さじ1

作り方

1 スパゲッティは塩適量（分量外）を加えた湯で袋の表示時間より1分短くゆで、ざるに上げる。

2 ソーセージは斜め切りにし、ピーマンは5㎜幅に切る。

3 フライパンにオリーブオイル、玉ねぎ、にんにくを入れて中火で熱し、うっすらと色づいてきたら、**2**を加えて炒める。

4 **1**とケチャップを加えて全体をよく混ぜ、塩、こしょうで味を調える。

スチームグリーンサラダ（P73）

蒸した野菜は甘みが際立って、野菜のおいしさをそのまま味わえます。
2種類のディップで、味のバリエーションを楽しんでください。

材料｜2人分

かぶ　3個
菜の花　1束
芽キャベツ　6個
黒ごまみそディップ
黒すりごま・みそ　各大さじ1
マヨネーズ　大さじ3
クミンマヨディップ
クミンパウダー　小さじ1
マヨネーズ　大さじ3

作り方

1 かぶは茎を少し残して切り落とし、半分に切る。菜の花は根元をしばらく水につけ、パリッとさせる。

2 蒸気の上がった蒸し器にかぶと芽キャベツを入れる。3分ほどしたら菜の花を加え、火が通るまでさらに3～4分蒸し、器に盛る。

3 ディップの材料はそれぞれ混ぜ合わせ、**2**に添える。

Pasta & Salad

ケチャップでしっかりと味をつけたナポリタンに、素朴な味の蒸し野菜サラダを合わせました。野菜がたくさん食べられるので、家族の食卓にぜひ取り入れてくださいね。

Salad
えびと海藻のサラダ

Pasta
ささみとザーサイの
梅肉ソースパスタ

ささみとザーサイの梅肉ソースパスタ

味出しに使う梅肉がきいた一品。刻んだ万能ねぎを加えてもおいしいです。
ロングパスタで作るときは、ささみを細く裂くと麺によくなじみます。

材料｜2人分

ペンネ　160〜200g
ささみ　5本
A｜塩・粗びき黒こしょう　各適量
　｜酒　大さじ1
ザーサイ(瓶詰)　大さじ3
梅干し　2個
粗びき黒こしょう　少々
ごま油　大さじ1

作り方

1 ペンネは塩適量(分量外)を加えた湯で袋の表示時間通りにゆで、ざるに上げる。
2 ささみは耐熱皿に入れ、Aをふって下味をつける。ラップをふんわりとかけ、電子レンジで約5分加熱する。そのままおいて冷まし、手で小さく裂く。
3 ザーサイは粗く刻む。梅干しは種をとってたたく。
4 大きめのボウルに1、2、3、黒こしょう、ごま油を入れて全体をよく混ぜる。

えびと海藻のサラダ

海藻ミックスで作る手軽なヘルシーサラダ。新玉ねぎのさわやかな辛みがきいています。えびは厚みを半分にすると食べやすく、味もなじみます。

材料｜2人分

殻つきえび　6尾
海藻ミックス(乾燥)　1袋(6g)
新玉ねぎ(または玉ねぎ)　1/2個
にんにく(すりおろす)　少々
しょうゆ・ごま油　各大さじ1

作り方

1 えびは塩少々(分量外)を加えた湯でゆで、冷めたら殻をむいて厚みを半分に切る。海藻ミックスは水につけてもどし、水けをきる。
2 新玉ねぎは粗みじん切りにする(玉ねぎの場合は、切ったあと水にさらして水けをきる)。
3 ボウルに1、2、にんにく、しょうゆ、ごま油を入れて全体をあえる。

Pasta & Salad

どちらもごま油で風味づけしているので相性抜群で、お酒がすすむ組み合わせ。パスタとサラダを混ぜ合わせて食べてもおいしいです。同じ海藻を使った「豆腐と海藻のサラダ」(→ P40)と合わせてもバランスがいいですね。

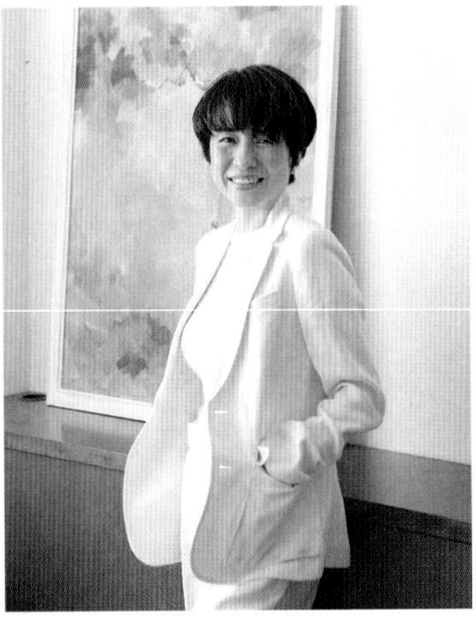

野口真紀
Maki Noguchi

料理雑誌の編集者を経て料理研究家に。現在は、書籍や雑誌、テレビなどで活躍するかたわら、主に主婦を対象にした料理教室も開催している。2児の母でもあり、家族の健康のために栄養バランスを考慮しながらも、身近な食材や調味料で手軽に作れる家庭料理にファンが多い。著書に『オーブン料理　とっておき』(小社刊)、『ぱらぱらきせかえべんとう』(アノニマ・スタジオ)など多数。

STAFF

デザイン　鳥沢智沙(sunshine bird graphic)
撮影　公文美和
調理アシスト　野口うた
校閲　滄流社
取材・構成　草柳麻子
編集　泊出紀子

パスタとサラダ

著　者　野口真紀
編集人　東田卓郎
発行人　倉次辰男
発行所　株式会社主婦と生活社
〒104-8357　東京都中央区京橋3-5-7
TEL 03-3563-5129(編集部)
TEL 03-3563-5121(販売部)
TEL 03-3563-5125(生産部)
https://www.shufu.co.jp/

製版所　東京カラーフォト・プロセス株式会社
印刷所　共同印刷株式会社
製本所　株式会社若林製本工場

ISBN978-4-391-15583-9

落丁・乱丁の場合はお取り替えいたします。
お買い求めの書店か、小社生産部までお申し出ください。